LA
FRANCE ET LE SAINT-SIÈGE

SON ÉMINENCE LE CARDINAL

PAR

UN DIPLOMATE

(Extrait de LA QUINZAINE.)

Numéro du 15 Novembre 1896.

LA CHAPELLE-MONTLIGEON

IMPRIMERIE DE NOTRE-DAME DE MONTLIGEON

—

1896

LA
FRANCE ET LE SAINT-SIÈGE

SON ÉMINENCE LE CARDINAL FERRATA

PAR

UN DIPLOMATE

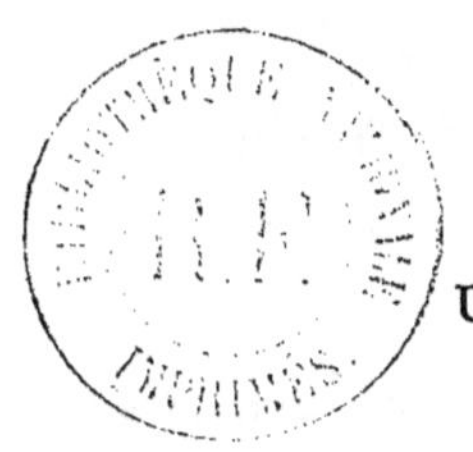

(Extrait de LA QUINZAINE.)

Numéro du 15 Novembre 1896.

LA CHAPELLE-MONTLIGEON

IMPRIMERIE DE NOTRE-DAME DE MONTLIGEON

1896

LA FRANCE ET LE SAINT-SIÈGE

Son Éminence le cardinal FERRATA.

Le Saint-Père vient de conférer la pourpre cardinalice à S. Exc. Mgr Ferrata, nonce apostolique en France ; M. le président de la République, conformément à l'antique usage, lui a remis la barrette rouge, insigne de cette haute dignité qui ouvre, à celui qui en est revêtu, les rangs du conseil suprême de l'Église.

Mgr Ferrata va donc nous quitter pour prendre possession, dans la Ville éternelle, des hautes fonctions auxquelles le Pape l'appelle ; il va aussi chercher dans son pays natal un peu de ce repos qu'il a bien gagné, après un séjour d'environ six années parmi nous, six années au cours desquelles il a eu de grands efforts à faire, voire même des luttes à soutenir, pour remplir sa difficile mission, qui consiste à entretenir entre le Saint-Siège et le gouvernement de la République, c'est-à-dire entre l'Église et l'État, ces rapports de bonne harmonie qui devraient toujours unir ces deux pouvoirs, le spirituel et le temporel, en vue de l'accomplissement de leur tâche commune, qui tend à assurer la liberté et à pourvoir au bien-être des hommes soumis à leur juridiction.

Le moment me paraît venu pour jeter un regard sur l'œuvre accomplie par Mgr Ferrata pendant ces six années, et pour rendre un hommage impartial au diplomate distingué, au vénérable prélat qui a su en imposer à tous les partis, au milieu des circonstances les plus difficiles, par sa haute loyauté, par son caractère noble et généreux.

Mais, pour bien apprécier toute l'étendue de l'action personnelle du nonce apostolique en France, il faut se reporter en arrière, et considérer un instant quelle était la situation politicoreligieuse du pays au moment où Mgr Ferrata prit la direction de l'ambassade du Saint-Siège.

C'était en juillet 1891, le parti républicain presque entier conservait toujours les préjugés anticléricaux que lui avait inculqués Gambetta, en rajeunissant le mot d'ordre de Voltaire « écrasez l'infâme », dont il avait fait « le cléricalisme, voilà l'ennemi ! »

Et cependant, le cardinal Lavigerie, recevant l'escadre française à Alger, avait, dans un toast resté célèbre, posé les premiers jalons d'une réconciliation entre la République et les catholiques. N'avait-il pas conseillé d'une façon bien claire à ces derniers de donner leur adhésion *sans arrière-pensée* à la forme d'un gouvernement qui, disait-il en s'appuyant sur les paroles de Léon XIII lui-même, « n'a rien en soi de contraire aux principes qui seuls peuvent faire vivre les nations chrétiennes et civilisées ».

Les paroles du cardinal Lavigerie, que d'aucuns s'étaient efforcés de représenter comme l'expression des sentiments personnels du primat d'Afrique, avaient reçu de Rome la plus complète approbation ; la lettre que le cardinal Rampolla, secrétaire d'État de Sa Sainteté, avait écrite à l'évêque de Saint-Flour, qui, ainsi que quelques autres évêques, l'avait consulté sur l'adhésion de Mgr Lavigerie à la République, ne laissait plus subsister aucun doute possible à cet égard. La politique du Pape, comme on a appelé depuis le mouvement déterminé par Léon XIII en faveur de la République, était désormais un fait accompli.

Les républicains n'accueillirent pas les déclarations pontificales d'une façon aussi satisfaisante qu'on était en droit de l'espérer ; au contraire, ils se montrèrent très défiants à l'égard de la politique du Pape, et ne firent pas faute de traiter les *ralliés* d'hypocrites ou d'intrus.

D'autre part, les conseils de Léon XIII soulevèrent une tempête au sein du parti monarchiste : l'étendard de la religion, autour duquel légitimistes, orléanistes et bonapartistes se groupaient pour lutter contre la République, leur manquait du jour au lendemain. Le prétexte religieux ne pourrait plus assurer à leur parti, comme par le passé, le monopole des suffrages des populations catholiques, du moment où un candidat se disant à la fois catholique et républicain pourrait, en s'autorisant du chef suprême de l'Église, solliciter le concours des électeurs chrétiens.

Oubliant toute retenue, certaines feuilles déclarèrent la guerre au Pontife avec une audace et en quelques cas une mauvaise foi qui donna la mesure des convictions religieuses de certains champions qui prétendaient être les seuls défenseurs de l'autel !

Les passions les plus violentes se déchaînèrent dans tous les camps : il eût semblé à ce moment-là que les paroles d'apaisement prononcées par le Pape avaient eu pour résultat d'envenimer les querelles, de semer la discorde partout. L'avenir devait cependant remettre les choses à leur place, c'est ce que nous verrons plus loin.

La situation parlementaire était, si c'est possible, plus grave encore. Les intérêts de la religion étaient menacés de dangers dont les hommes les plus experts en la matière renonçaient à prévoir toute l'étendue.

On ne parlait de rien moins que de la séparation de l'Église et de l'État, de la dénonciation du Concordat, de la suppression de l'ambassade près le Saint-Siège, et alors ?... peut-être une nouvelle persécution religieuse qui aurait inévitablement entraîné des conséquences telles qu'une réconciliation entre la République et les catholiques serait désormais devenue impossible.

La fameuse concentration républicaine était, à cette époque, à son apogée, son but constant semblait être de combattre aveuglément les intérêts religieux ; elle avait pour maxime que les catholiques devaient être exclus de la République. La droite, divisée sur des questions de parti, s'unissait sur le terrain religieux, mais elle n'avait ni la force ni la cohésion nécessaires pour offrir une résistance efficace.

Quel allait être le rôle du nonce apostolique ? Sur quel parti s'appuierait-il ?

La mission était difficile, Mgr Ferrata ne s'en émut pas outre mesure. Il venait de passer plusieurs années en Belgique, où il avait trouvé, à son arrivée dans ce pays, une situation analogue à celle qui l'attendait à Paris, sans toutefois présenter le même caractère de gravité. Il n'hésita pas un instant sur la ligne de conduite à adopter ; fort de l'attitude nettement déterminée de Léon XIII, il affirma l'intention, dès le début, de diriger et de maintenir les catholiques dans la voie purement constitutionnelle que leur avait tracée le Pape, et de s'abstenir de toute compromission avec les partis monarchistes.

Il fallait tout d'abord transformer l'opinion publique tant dans le pays qu'au Parlement ; il fallait vaincre l'aversion des républicains à l'égard des catholiques, leur inculquer cette vérité, à savoir : que qui dit catholique ne dit pas nécessairement monarchiste. Il importait d'autre part de faire disparaître les répugnances qu'inspirait aux catholiques une forme de gouvernement que les sectaires avaient tenté de monopoliser à leur profit, et dont ils avaient voulu faire la succursale du Grand-Orient ; mais il fallait aussi maintenir toujours vivace dans l'esprit de ces catholiques la nécessité de protester sans cesse, de lutter sans trêve contre les lois attentatoires à la liberté de conscience.

Certes, la tâche était ardue, elle n'était pas au-dessus des forces de l'envoyé de Léon XIII près la République française.

Dès son arrivée à Paris, Mgr Ferrata se trouva pris — je demande pardon de cette expression un peu triviale — entre l'enclume et le marteau : d'un côté, les républicains farouches ; de l'autre, les monarchistes non moins intraitables.

C'est alors que le nonce fit preuve d'un tact et d'une habileté qui désarmèrent les plus fougueux d'entre les républicains ; sa correction absolue, sa franchise parfois déconcertante, lui gagnèrent les sympathies personnelles et la confiance d'hommes qui ne le cherchaient que pour le combattre. Doué d'un sang-froid et d'une patience rares chez les hommes du Midi, Mgr Ferrata ne compromit jamais le succès de son entreprise par ces emportements ou ces vivacités qu'eussent excusés les circonstances particulières dans lesquelles il se trouvait, mais qui auraient infailliblement mis entre les mains de ses adversaires des armes qui ne sortirent jamais des siennes. Allant droit au but, ne se laissant jamais arrêter par des considérations d'ordre secondaire, le nonce était imbu de ces grands principes et partageait cette largeur de vues qui font de Léon XIII un des plus puissants politiques de notre temps.

Son attitude vis-à-vis des monarchistes ne prêta jamais au moindre malentendu, qui aurait pu mettre les républicains en défiance, et enlever à la politique du Pape sa véritable signification. Mgr Ferrata accepta l'appui du parti conservateur lorsqu'il s'agit de votes au Parlement sur des questions purement religieuses, mais, dès que la politique entrait en jeu, le nonce se retirait, conservant intactes sa dignité personnelle et celle du Saint-Siège. Ennemi du système des *combinazioni* louches, des compromissions interlopes, il agit toujours en pleine lumière, ç'a été sa force principale.

Les événements compliquèrent la tâche déjà difficile du représentant du Saint-Siège en France ; plusieurs incidents graves menacèrent de compromettre le résultat final de son œuvre, mais il ne se laissa jamais décourager. On n'a pas oublié notamment les troubles qui se produisirent à Rome au commencement d'octobre 1891, quand les pèlerins ouvriers français, victimes de la plus brutale agression de la part d'une vile populace, furent frappés et outragés sous les yeux du gouvernement italien, qui ne faisait rien pour réprimer d'aussi scandaleux désordres. Au lieu d'exiger une réparation de la part du gouvernement italien, seul coupable, le ministère préféra défendre aux évêques français de s'associer aux pèlerinages ouvriers. Mgr Gouthe-Soulard, qui avait été un des premiers à adhérer à la République, protesta contre cette défense dans une lettre énergique (et peut-être un peu vive) adressée à M. Fallières. Le vaillant archevêque d'Aix fut déféré devant le Conseil d'État.....

Le 16 février 1892, Léon XIII publia son admirable Encyclique adressée aux catholiques français, dans laquelle il confirmait la politique de conciliation inaugurée sous ses auspices quelques années auparavant par le cardinal Lavigerie. « Lorsque « les nouveaux gouvernements qui représentent cet immuable « pouvoir sont constitués, les accepter n'est pas seulement

« permis, mais réclamé, voire même imposé par la nécessité du
« bien social qui les a faits et les maintient. »

Cette Encyclique vint à point, elle produisit une impression
salutaire sur l'esprit de bien des républicains, et coupa court
aux racontars lancés dans la presse par les monarchistes, qui
auraient voulu faire croire que le Pape, finalement « éclairé »,
renonçait à poursuivre sa politique.

Les anticléricaux, dont l'intolérance augmentait au fur et à
mesure que leur nombre diminuait, présentèrent à diverses re-
prises des projets de loi dont le but évident était de porter
atteinte à la liberté des catholiques dans l'exercice de leur
culte. Quelques-uns de ces projets donnèrent lieu à des débats
extrêmement violents, qui eurent pour résultat, d'abord, de
montrer clairement que les forces respectives des partis s'étaient
peu à peu déplacées, ensuite qu'un nouveau parti avait pris
naissance au sein de la représentation nationale, celui des républicains modérés ou du « progressiste », comme les a habile-
ment dénommés le *Figaro*.

La situation actuelle, au point de vue politico-religieux, est
bien différente de celle que trouva Mgr Ferrata en arrivant à
Paris, il y a tantôt six années.

Le pays semble être entré dans une ère nouvelle de paix civile
et religieuse, et s'il y a encore parfois des incidents pénibles à
enregistrer, ils doivent être attribués plutôt à des circonstances
particulières et purement locales qu'à un esprit d'intolérance
généralement répandu. Les partis extrêmes, après bien des
années de luttes infructueuses, se sont discrédités aux yeux de
la majorité de la nation, qui préfère abandonner le terrain sté-
rile des combats politiques pour se recueillir et réserver son
ardeur et son enthousiasme pour les consacrer à ces élans ma-
gnifiques d'un sain patriotisme, dont les fêtes franco-russes de
Toulon et de Paris sont d'admirables exemples.

La situation parlementaire est également changée du tout au
tout. On peut dire de la concentration républicaine, jadis si
puissante, qu'elle a été. Brisée à jamais, elle a fait place à deux
partis qui se tiennent en équilibre, mais dont les programmes
sont si nettement tranchés, qu'une alliance entre eux est désormais devenue impossible : d'un côté, les radicaux-socialistes ;

de l'autre, les républicains modérés. Bien que la droite proprement dite ait diminué de moitié, bien que son influence directe n'ait pas augmenté, la politique sagement conservatrice, la politique de liberté et de progrès dont veulent s'inspirer aujourd'hui les républicains modérés, donne bien plus de satisfaction à la droite dans les principales questions d'ordre général. Et si l'on se plaint encore de l'application de certaines lois sectaires, si l'on a raison de s'en plaindre, il faut bien se rendre compte qu'il ne dépend pas de l'exécutif de surseoir à l'observation des prescriptions légales et qu'il y a bien de la différence entre l'exécution joyeuse et avide qui cherche le plus grand mal et une autre bien moins allante qui voudrait le moindre mal.

L'atmosphère de la Chambre n'est plus la même depuis quelques années ; tout récemment un radical endurci, M. Rivet, interpellait le gouvernement au sujet d'une allocution prononcée par Mgr Mathieu, nommé depuis peu archevêque de Toulouse, à l'occasion de la première communion du jeune frère de M. le duc d'Orléans. Le ministre des cultes, M. Rambaud, répondit avec une correction parfaite. M. Méline, président du Conseil, prit la parole à son tour pour exposer la manière de voir du gouvernement sur cette question ; le débat se termina par un ordre du jour favorable au ministère. Le spectre clérical n'effraye plus les républicains ; les radicaux ont beau l'agiter, ils ne font peur qu'à eux-mêmes.

Quand la loi des fabriques et celle dite du droit d'accroissement furent discutées à la Chambre, on ne vit plus se reproduire les scènes d'antan, la lutte se poursuit désormais entre l'Église et la franc-maçonnerie, non plus entre catholiques et républicains.

Sans entrer ici dans des détails sur la première, qui est d'une application impossible, ni sur les modifications apportées dans le texte de la seconde en faveur des congrégations missionnaires et charitables, je ne puis m'empêcher de faire une remarque, à savoir : que, lorsqu'en 1890 M. Flourens proposa l'exemption des *seules* congrégations missionnaires en raison des services qu'elles rendent au pays, son amendement ne fut même pas pris en considération, *six* députés républicains seulement s'associèrent à la droite dans la défense des intérêts des congrégations religieuses ; mais, après que la politique du Pape eut fait sentir dans tout le pays ses effets salutaires pendant la courte période de cinq années, cette exemption encore élargie passait sans grande difficulté, et, qui plus est, *cent cinquante* députés républicains votaient avec la droite l'amendement de M. Clausel de Coussergues. En outre, la presse républicaine modérée tout entière se prononçait en faveur des congrégations religieuses (1).

Des feuilles très importantes, très influentes sur l'opinion, dont les unes au tirage énorme, s'adressent au petit peuple et les autres à la bourgeoisie athée, ont à leur manière combattu en faveur des congrégations. Elles ne sont plus presque jamais hostiles aux intérêts catholiques et leur sont souvent favorables. En même temps, quoique peut-être pour d'autres raisons, une feuille mondaine très répandue, a pris une allure politique plus nette, plus suivie, et est devenue de toutes façons plus sérieuse qu'elle n'était il y a une dizaine d'années.

Telle est la situation que Mgr Ferrata laisse en quittant la France ; elle nous permet de bien augurer de l'avenir. Sa mission a été une mission d'apaisement ; pour la remplir, il a fait des prodiges de tact et de patience ; il a semé, son successeur récoltera...

La politique du Pape n'a pas seulement eu pour effet de calmer les passions à l'intérieur ; à l'extérieur, elle a donné à la République une force morale dont elle avait besoin, et n'a pas peu contribué à préparer une alliance qui a rétabli l'équilibre européen un moment compromis.

Il est donc équitable qu'au nom vénéré de Léon XIII on associe ceux des deux prélats éminents qui ont poursuivi avec fermeté l'entreprise confiée à leurs soins par le Souverain Pon-

---

(1) Il convient ici de faire ressortir le peu de loyauté des discussions qui ont eu lieu dans la presse. En 1890, Mgr Freppel déclarait, à qui voulait l'entendre, que pourvu qu'on se contentât de la déclaration unique, il s'estimait satisfait Les Petites Sœurs des pauvres payaient l'impôt, si inique qu'il pût être : en 1895, on supprime la déclaration multiple, grâce aux insistances de Mgr Ferrata, on exempte les congrégations missionnaires ou charitables, et une certaine partie de la presse, celle-là qui représente les opinions de feu Mgr Freppel, jette les hauts cris. On présente au public un dégrèvement comme une aggravation, le succès des efforts du nonce comme un échec.   N. D. L. R.

tife et l'ont menée à bonne fin. S. Ém. le cardinal Rampolla, secrétaire d'État de Sa Sainteté, et Mgr Ferrata ont droit à la reconnaissance de tous les Français.

En terminant, il ne reste plus qu'à souhaiter au nouveau cardinal la consolation de voir son œuvre prospérer, car nous avons la certitude que là-bas, à Rome, la France comptera un ami de plus dans les rangs du Sacré-Collège, un ami qui ne perdra jamais de vue les intérêts légitimes de celle qui est toujours la Fille aînée de l'Église.

Un Diplomate.

www.ingramcontent.com/pod-product-compliance
Lightning Source LLC
LaVergne TN
LVHW020110070726
842525LV00018B/2661